ISAAC ALBENIZ

ASTURIAS

LEYENDA - PRELUDIO

TRANSCRIPCION

DE

ANDRES SEGOVIA

PARA GUITARRA

UNION MUSICAL EDICIONES S.L.

ASTURIAS

LEYENDA - PRELUDIO

Transcripción para guitarra de
ANDRES SEGOVIA

ISAAC ALBENIZ

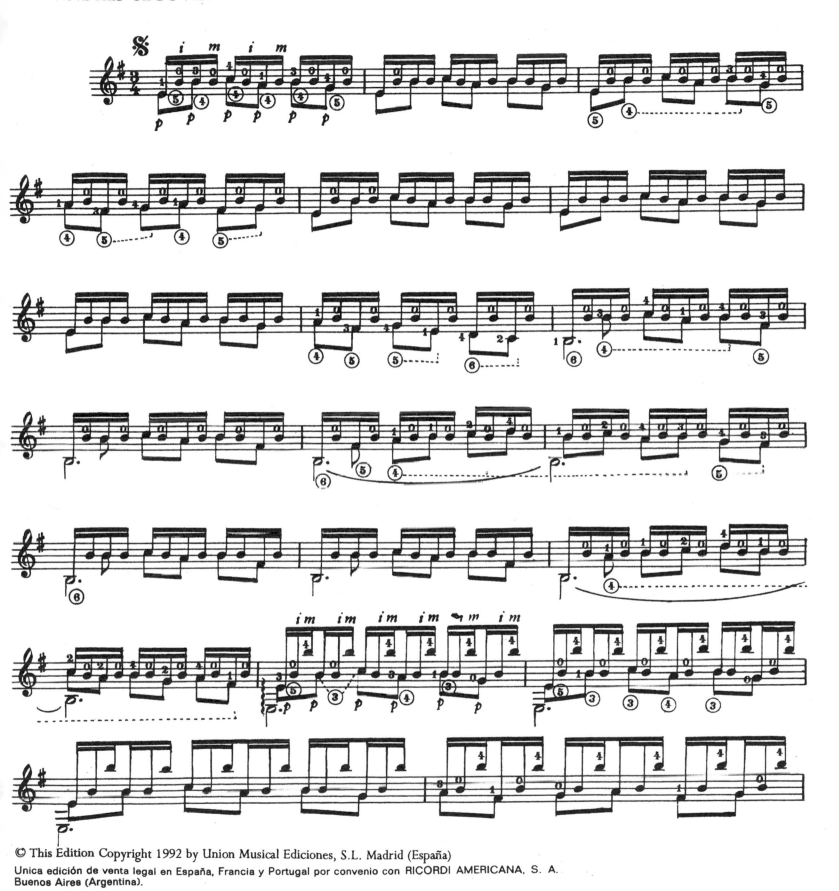

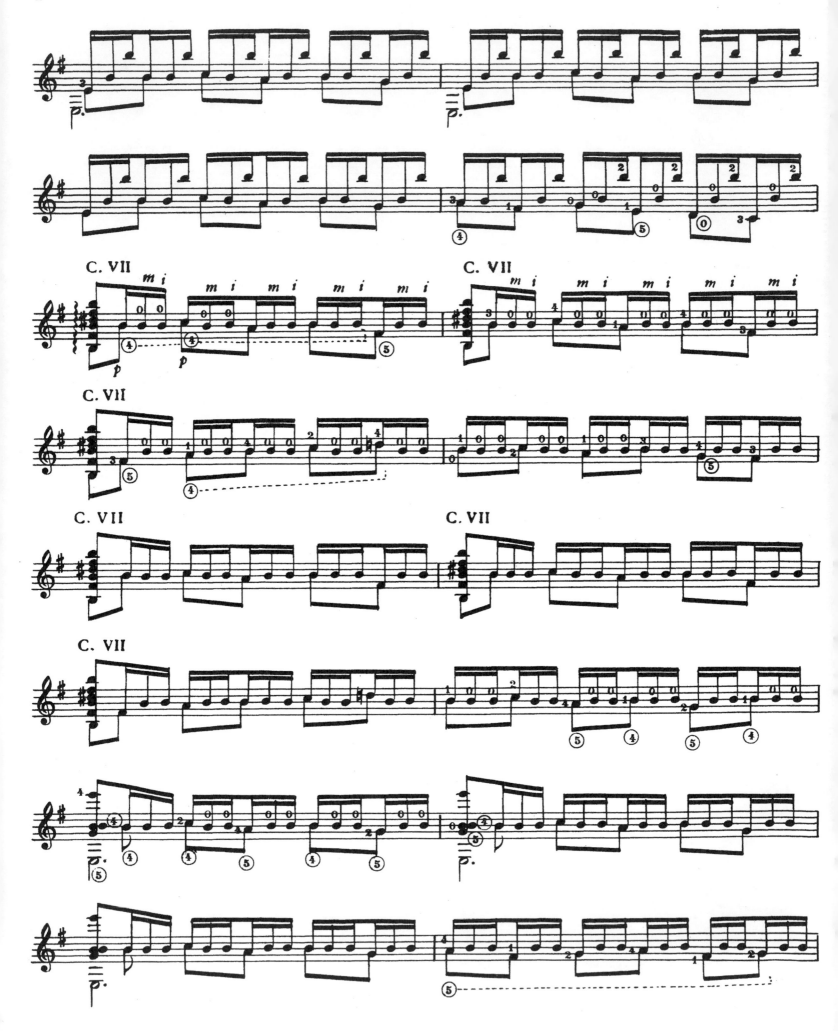

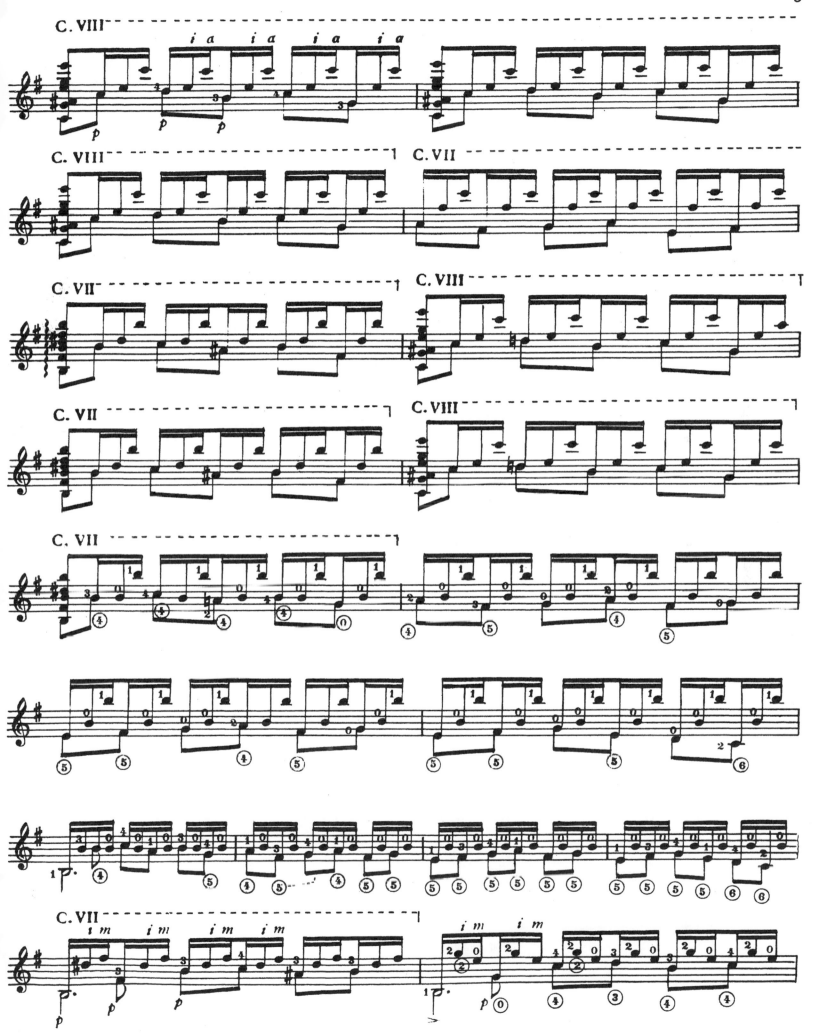

4

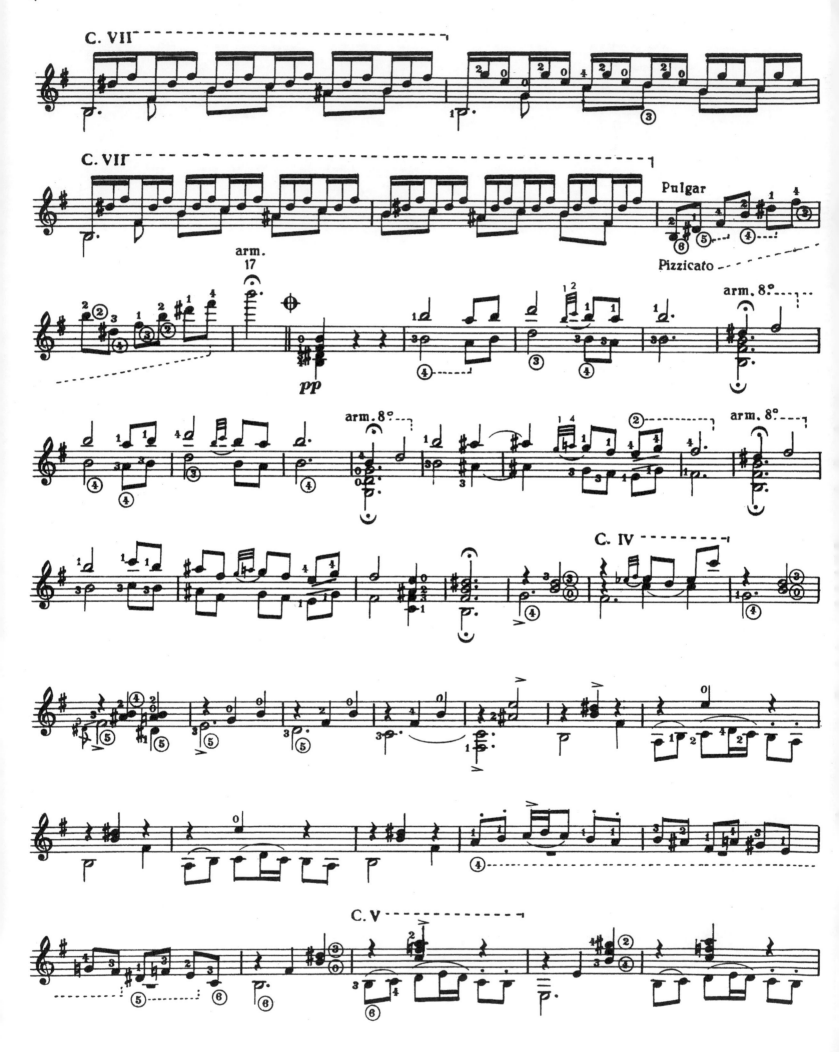

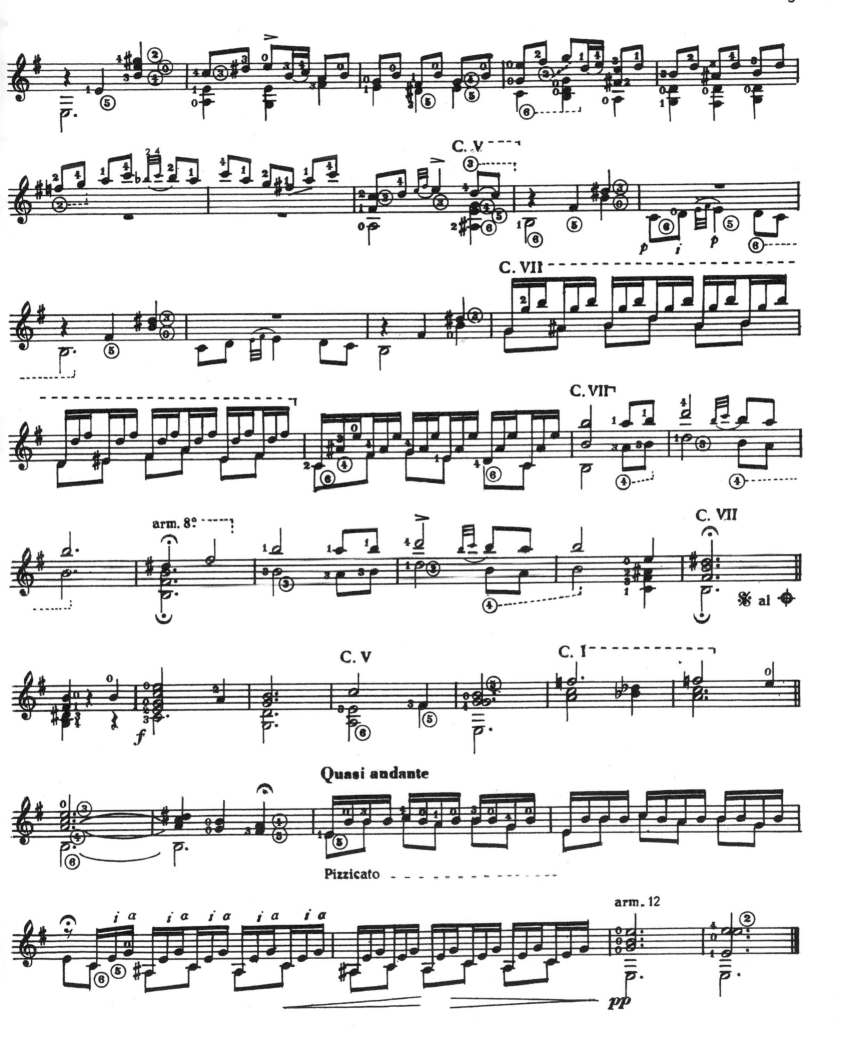